Confissões de uma mãe quase normal

Dados Internacionais de Catalogação na Publicação (CIP)
(Câmara Brasileira do Livro, SP, Brasil)

Simões, Jacqueline de Lima
    Confissões de uma mãe quase normal / Jacqueline de
Lima Simões. -- Sertãozinho, SP : Ed. da Autora,
2022.

    ISBN 978-65-00-55399-4

    1. Filhos - Criação 2. Mães e filhos
3. Maternidade 4. Relações familiares 5. Vida
familiar I. Título.

22-133765   CDD-649.1

Índices para catálogo sistemático:

    1. Mães e filhos : Relações familiares : Vida
          familiar   649.1

Eliete Marques da Silva - Bibliotecária - CRB-8/9380

Confissões de uma mãe quase normal

Jacqueline de Lima Simões

Índice

Maternidade
Entretenimento

Muito prazer, deixe-me apresentar...

Amigo (a) leitor (a), como nas próximas páginas vou fazer algumas confissões de minha vida materna a você, nada mais justo que me conheça um pouco.

Sou Jacqueline de Lima Simões, jornalista, 35 anos, casada, mãe da Valentina uma linda garotinha, a qual conhecerá mais ao longo dessa narrativa.

Ao longo dessas três décadas muitas coisas aconteceram. Mas uma merece destaque nessa apresentação, porque foi a partir dela que aprendi a dar real valor à vida. E isso faz toda diferença na educação que decidi dar a minha filha.

Aos nove anos uma simples cirurgia mudou minha vida. Precisei operar para retirada das amídalas e de uma adenoide que já me prejudicava há tempos.

Uma anestesia geral levou o que deveria ser um procedimento tranquilo e rápido a uma sofrível operação médica. Era alérgica e ninguém sabia. Tive hemorragias, o que levou a falta de oxigenação no cérebro e a consequentes paradas cardíacas. Entrei em coma, mas após alguns minutos os médicos conseguiram me reanimar.

Entrei sorrindo no centro cirúrgico e saí cega e paralítica, com diagnóstico bastante pessimista dos médicos. Teria que fazer uso controlado de fortes medicamentos e fisioterapia por muitos anos para ter alguma chance de voltar a andar.

Mas o inesperado aconteceu – eu chamo de milagre divino. Apenas dois meses após a cirurgia voltei a andar e, aos poucos, enxergar normalmente. Nunca fiz fisioterapia e os remédios tomei por pouquíssimo tempo. Não fiquei com sequelas.

Mas essa história eu posso contar melhor em outra oportunidade.

Deixe-me contar mais ...

Gosto de passear, ouvir música, escrever, comer e, principalmente, dormir (risos). Acrescento à lista duas coisas importantes que me lembro de gostar desde muito pequena: conversar e ensinar às pessoas as coisas que aprendo.

Sou do tipo tagarela assumida. Uni esses dons naturais para comunicação e tornei-me jornalista. Segui no ramo da Assessoria de Imprensa e Comunicação, o que me levou a descobrir outros dons naturais.

Como mencionei há pouco sempre gostei de compartilhar com os amigos os aprendizados, fossem na escola, quando criança; fossem as lições que a vida nos dá.

Por que estou dizendo isso? Porque foi por gostar tanto de me comunicar que decidi escrever este livro. "Confissões de uma mãe quase normal" nasceu desse desejo de compartilhar minhas experiências com mais pessoas.

Sou assim: aproveito todas as oportunidades para falar das dicas que ouvi e experiências que vivi, acho importante. Sinto que estou ajudando. E como mãe a gente sempre busca àquela mão amiga que possa nos ajudar ou alguém para nos ouvir. Não é mesmo?

Não tenho pretensão alguma de estabelecer um manual de como cuidar do seu bebê. Para isso há tantos livros, artigos, blogs e afins. Meu desejo é que você se sinta em meio a uma roda de conversa de mães, na qual trocamos experiências e vemos que não estamos sós. Afinal, toda mãe tem uma confissão a fazer. Toda mãe é quase normal.

Quero aqui compartilhar dos momentos mais marcantes dessa vida de mãe de primeira viagem. E o mais importante: vou facilitar sua vida dividindo com vocês as dicas e truques dos melhores especialistas no assunto, que tanto me ajudaram quando precisei.

Sinta-se envolvida. Sinta-se acolhida. Sinta-se livre para ser mãe e para ser você mesma, ainda que isso não pareça normal.

Decidi ser mãe

Não lembro ao certo quando tomei essa decisão. Acredito que era algo instintivo, que existia dentro de mim desde muito pequena. Acho que nunca houve o dia da decisão. Não para mim. Era desejo. Era instinto.

Eu sabia que chegaria a hora. E, pode parecer bobeira, mas acreditava que aos 30 anos seria a idade perfeita. Não tenho outras experiências e não posso afirmar que exista idade certa para ser mãe. É algo que muda tanto a vida, não dá para prender isso a um espaço de tempo.

Engravidei aos 30, como queria. Foi ótimo. Não pela idade, mas porque estava em uma relação amadurecida e eu me achava pronta para encarar o que viria.

Digo "achava" porque no fundo a gente só acha mesmo. Não dá para prever o que virá frente a inúmeros desafios diários. Ser mãe é uma caixinha de surpresas.

Foram longos seis meses até finalmente receber o

"positivo" tão esperado. Tudo bem, sei que dizer "longos seis meses" é um exagero, mas é que quando se quer engravidar a ansiedade toma conta. Cada menstruação era uma frustação.

Eu sabia que não podia estar ansiosa, isso não ajudaria em nada.

Fui trabalhando meu psicológico, falando comigo mesma para manter a linha. Em muitos momentos dava certo. Em outros eu recorria a meu aplicativo para dar aquela checada no período fértil – quem nunca? As tentantes sabem como é isso.

A ansiedade foi embora quando minha médica ginecologista me disse: "você é saudável e pode gerar tranquilamente". O aval dela trouxe a tranquilidade que faltava. Engravidei no mês seguinte. O fator psicológico conta muito nessas horas.

Era uma terça-feira quando me dei conta que a menstruação estava atrasada há quatro dias. Não falei nada para ninguém. Meu esposo tinha prova na faculdade naquele dia. Não queria que ele ficasse nervoso; afinal, poderia não ser nada. No sábado decidi falar e resolvemos fazer um teste de farmácia.

Positivo. Positivo? Positivo! Uau! E agora? Rimos e choramos ao mesmo tempo. Lemos as instruções da bula muitas vezes. Precisávamos ter certeza de que estávamos certos.

Tomamos a decisão de fazer um exame de sangue na segunda-feira bem cedo. Assim, se fosse real, contaríamos para os familiares. Assim fizemos. Lembro com detalhes o momento que vi o resultado e lá constava o meu POSITIVO.

Pronto. Eu seria mãe.

Naquele mesmo sábado, lembro com clareza, encontrei uma companheira de orquestra – não mencionei, mas toco violino na igreja que frequentamos – e, sem querer, começamos a falar sobre maternidade. A essa altura eu já sabia que estava grávida, mas era segredo absoluto. Durante a conversa, "fingi costume" e nem sequer mencionei o "positivo".

Aos domingos, almoçávamos na casa da minha sogra. E lá, sentados à mesa, foi o momento de maior ansiedade. Havíamos decido não falar nada, queríamos fazer surpresa para todos. Aí, segura coração!

Conseguimos vencer o final de semana, sem falar nada para ninguém.

Mal amanheceu a segunda-feira e lá fomos nós para o laboratório. Danilo e eu havíamos combinado que, se o positivo se confirmasse, faríamos um mimo para os avós e os titios, iríamos pessoalmente encontrá-los e contar a novidade.

Às 10h, daquele mesmo dia, o resultado já estava disponível. Confirmado o positivo, corremos para providenciar os mimos – fizemos chaveiros personalizados (com a máquina que tínhamos em casa) e à noite saímos para as visitas.

O momento da revelação foi mágico e engraçado ao mesmo tempo. Os vovôs e vovós demoraram para entender o recado. Não chegamos contando; primeiro, entregamos a eles os chaveiros, nos quais estavam escritos a mensagem reveladora. Eles leram e não entenderam. Foi hilário. Mas, assim que a ficha caiu, caíram juntas as lágrimas de alegria.

Foi um dia emocionante. Esperei muitos anos para isso. Valeu a pena.

O momento ideal 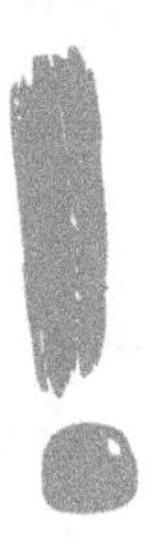

Como mencionei, no capítulo anterior, desejava engravidar aos 30 anos. Tinha esse pensamento há bastante tempo. Acreditava que era uma boa idade para ser mãe. Imaginava-me casada, madura, com uma vida financeira estável e tudo mais que fosse "necessário" para engravidar.

Assim que me casei, em 2012, uma tia do meu esposo, que também é nossa amiga, havia tido uma bebezinha. Alice era nosso xodó e adorávamos tê-la por perto. Não sei se foi sua fofura, ou se o fato de ter acabado de constituir minha família também pesou e o desejo de engravidar aflorava em mim, cada vez mais.

Fiquei doida de vontade de engravidar, mas sabia que não era a hora. Não havíamos planejado assim.

Eu sempre acreditei que era importante o casal viver um tempo só dele para se conhecer bem, afinar as ideias e se curtir. Eu tinha poucos meses de casada, não havia tido tempo de fazer nada disso. Além do mais estava desempregada há alguns meses. Portanto, não era o cenário ideal. Assim pensávamos.

Fui fiel aos meus ideais e em pouco tempo já havia esquecido essa história.

Em 2015, o desejo de ser mãe veio à tona de novo. Danilo e eu recebemos um convite para participar de um curso sobre criação de filhos. Aceitamos e lá estávamos nós em meio a outros casais, todos com filhos e até netos, participando do curso.

Foram seis meses de encontros semanais e nesse processo de aprendizagem o desejo de gerar foi grande. Porém, ainda não acreditávamos que era o momento, estávamos muito fragilizados, pois minha avó estava muito doente.

Dois anos antes, ela havia descoberto um câncer bastante agressivo. Apesar do diagnóstico médico ser de apenas mais seis meses de vida, milagrosamente, ela viveu bem por quase dois anos. Contudo, naquele ano, a doença a afetou muito. Minha avó foi fundamental na minha criação. Tinha por ela um amor de mãe. Vê-la partindo me entristecia muito. Então, de certa forma, eu sentia que não era um bom momento para engravidar.

Mantive o desejo em oculto e aproveitei cada momento do curso para aprender e afinar as ideias com meu esposo. Nesse tempo, já nos conhecíamos melhor e tínhamos convicções formadas sobre a criação dos nossos futuros filhos.

Mais uma vez, decidi esperar. Mas o tempo não perdoa, e logo eu estava completando 30 anos.

Foi, em julho de 2017, quando virei para meu marido e falei: "Pronto, tenho 30 anos e preciso engravidar".

Simples assim? Não. Naquele ano tínhamos uma vida amorosa resolvida e feliz, mas a vida financeira não era estável como desejávamos.

Eu sempre tive bons empregos, contudo, eram em forma de contrato ou cargos comissionados, o que não me dava nenhuma estabilidade profissional. Tínhamos parcelas altas a pagar e pouco dinheiro disponível.

Meu marido, principalmente, acreditava que para encaramos uma gestação e a criação de um filho precisávamos ter mais segurança financeira. Não acho que ele estivesse errado, mas eu era mais tranquila quanto a isso.

Naquele mesmo ano conseguimos quitar nossa maior dívida. Isso foi o suficiente para me convencer de que era a hora certa.

Refletimos muito sobre o assunto, e como a médica ginecologista havia me dito que eu poderia demorar até um ano para conseguir engravidar, convenci-o de que parar de tomar o anticoncepcional não era uma loucura.

Fizemos uns esforços e conseguimos guardar uma pequena quantia. Não era nada significativo, mas trouxe certa tranquilidade para ele.

Era setembro de 2017 quando parei de tomar a pílula, seis meses depois descobrimos que estava grávida.

Descobrimos que aquele era o momento mais certo de nossas vidas. Podíamos não ter dinheiro, mas já tínhamos a maior riqueza que poderíamos desejar na vida.

A gravidez

Lembro-me como se fosse ontem de muitas coisas que senti enquanto estava grávida. É uma sensação boa e as memórias trazem muita saudade.

Recordo, também, de como as pessoas me olhavam com carinho e eram gentis comigo, até mesmo os estranhos. Parece que quando veem aquele barrigão, sorrir torna-se algo espontâneo.

É fato que antes do barrigão aparecer a gente sofre uns perrengues. Mas até disso dá saudade.

Descobri que estava grávida num sábado e na segunda-feira seguinte já estava passado mal. Não sei se foi mera coincidência, mas li que geralmente a ação dos hormônios faz com que isso aconteça por volta da quinta semana, que é quando mais ou menos se descobre que está grávida.

Verdade é que os vômitos e a sonolência me pegaram e me acompanharam pelos três primeiros meses. Não posso reclamar, o sono era grande, mas isso não era um problema já que eu trabalhava meio período e podia dormir à tarde. Os enjoos e azias existiram sim, mas nada insuportável.

Minha barriga, nesse período, era bem pequena, mas lembro que, para mim, já era visível e procurava por roupas que a evidenciassem. Eu achava o máximo.

O segundo semestre é popularmente chamado de lua de mel da gravidez e não é à toa. Os desconfortos somem, e a barriga cresce lindamente. No meu caso, a sonolência não desapareceu, mas diminuiu. Nessa fase fiquei um pouco mais disposta.

Foi nesse período também que comecei o enxoval das peças básicas. Até o momento não havia comprado nenhuma roupinha. Eu estava muito controlada, nada impulsiva para as compras, totalmente centrada, prática e reflexiva.

Outro fator que me levou a aguardar o momento certo de

ir às compras foi que já havia feito dois ultrassons, porém os médicos não conseguiram descobrir o sexo do bebê. Eu temia comprar coisas inúteis.

Confesso que já estava bastante ansiosa para saber o sexo. Eu jurava que seria um menino.

A escolha dos nomes foi uma etapa engraçada também. Se fosse uma menina seria Valentina. Optamos por esse nome sem hesitar, foi uma escolha fácil. Quando descobrimos o significado então ficou ainda mais certo. Valentina significa: valente, forte, vigorosa e cheia de saúde, apenas para citar alguns exemplos.

Agora, se tivéssemos um menino, como estava imaginando, a criança estava sem nome definido.

Meu marido e eu fizemos listas, lemos significados e o único nome que ambos gostavam era Henrique. Então, a escolha estava feita.

Engraçado, que mesmo sendo "avós de primeira viagem", tanto os pais do Danilo, quanto os meus, mantiveram-se tranquilos e não interferiram em nossas escolhas. Na verdade, acho que nem os consultamos (risos), apenas os comunicamos. Ainda bem que eles gostaram ...

Estava prestes a completar sete meses, o chá de bebê marcado e nada de saber o sexo da criança. Conseguimos uma consulta numa espécie de escola técnica que ficava na cidade vizinha, Ribeirão Preto - SP. Algumas amigas haviam indicado.

Foram alguns dias de espera, mas deu certo. Após o exame, a notícia tão esperada: é uma menina!

Saí da sala e imediatamente liguei para meu marido para dar a notícia. Eu estava sozinha naquele dia. Decidimos reunir a família para a revelação. Estavam divididos, parte da minha família acreditava ser menina e parte da família do meu esposo jurava ser um menino. Independentemente de quem acertou a aposta, todos celebraram.

Ah! Já ia me esquecendo de contar um detalhe importante: quando fiz a segunda ultrassom a médica não pode ver com clareza o sexo da bebê, mas deixou-nos com a pulga atrás da orelha. Ela disse que a probabilidade de ser uma menina era de 90%, mas que não poderia afirmar nada pela falta de clareza nos exames.

Danilo e eu decidimos que os 10% de incerteza eram grandes e resolvemos fingir que ela não havia dito isso. Queríamos uma certeza. Queríamos 100% de certeza. E essa exatidão veio com o terceiro exame.

Obviamente, a gente sempre fica com um "medinho" de terem errado. E mesmo depois do chá de bebê e de ter comprado todo o enxoval, aproveitei o último exame para dar aquela checadinha (risos).

Enfim, o terceiro trimestre havia chegado. A barriga estava ficando imensa, e a azia havia retomado. Dormir estava virando um desafio. No entanto, quando me lembro desses perrengues sinto saudade. Não saudade de passar mal, mas de gerar.

Até dos chutes nas costelas, que doem, a gente sente falta. Quando estão dentro da barriga temos a sensação de que podemos protegê-los, parece que ainda temos o controle da situação, mesmo sabendo que não temos.

Gerar é lindo, uma experiência incrível. Ora você vomita, chora sem motivos e sente muita fome... Ora você está plena, com os cabelos mais lindos de sua vida e toda sorridente. É uma loucura (risos)!

Vai nascer 

Um dia desses, no momento de folga, li um texto simples na internet cujo título era "Mãe de Cesárea". Chamou minha atenção aquela descrição do sofrimento pós-cirúrgico de um parto cesariano.

Fiz uma cesárea, sofri pouco – confesso. Talvez a genética tenha me ajudado, não sei. Minha recuperação foi rápida.

Senti dores? Claro que senti. Mas lembro que foram poucos dias e, enquanto estava medicada era bem tranquilo. Minha mãe e minha sogra, que me ajudaram durante a quarentena, tinham que ficar me controlando. Como eu não sentia "nada", queria fazer tudo e esquecia que estava operada.

Vou confessar uma coisa: eu sofri mesmo foram com os gases. Esses causaram-me muita dor e desconforto. Mas ok. Tomava remédios e ficava bem.

Enfim, a ideia aqui não é defender um parto ou outro, não é descobrir quem sofreu ou sofre mais – se num parto cesárea ou normal.

A ideia é justamente desmistificar isso. Você se torna mãe assim que coloca aquele serzinho no mundo. Não interessa como. Ninguém é menos mãe porque teve ou porque escolheu fazer cesárea ou ter seu parto normal.

Agora, vou confessar outra coisa: eu queria mesmo era parto normal. Aliás, eu jurava que teria parto normal.

Li muito sobre isso. Sabia que seria sofrível, que poderia durar muitas e muitas horas, mas era o mais recomendável por todos os benefícios que traz à mãe e ao bebê.

Sobre o parto cesárea não sabia quase nada. Sabia, apenas, que tomaria uma anestesia e que cortariam minha barriga.

Não estava a fim de uma cirurgia, mas faria se fosse necessário. Poderia não ser uma escolha. E não foi.

Estava com 39 semanas e tudo corria perfeitamente bem. Numa segunda-feira fui a minha consulta pré-natal, e a médica já havia me dado todas as instruções necessárias para o parto.

Na noite do dia seguinte, após uma saída rápida com meu esposo, decidi que não faria o jantar. Estava com preguiça. Lanchamos. Enquanto eu organizava as coisas na cozinha senti algo estranho. Parecia que havia feito xixi.

Apesar de um tanto constrangedor, sabia que isso podia ocorrer. Havia lido que próximo ao parto o organismo liberava hormônios que relaxavam a musculatura, então poderia sim ter feito xixi na roupa. Ou ... a bolsa havia rompido. Era outra possibilidade eminente. Também já sabia que a bolsa romper não era comum como as novelas e filmes apresentavam. Caso rompesse poderia não descer muito líquido amniótico, pois o bebê desce e tampa a passagem do mesmo.

Eu não sabia o que estava acontecendo. Mas como não estava sentindo nenhuma dor, nem nada que pudesse lembrar um parto, fui dormir.

Às 2h acordei completamente com a cama molhada. Só podia ser a tal bolsa mesmo.

Acordei meu marido, que como eu manteve a calma. Sim estávamos muito calmos e decidimos obedecer a orientação médica e seguir para o hospital.

Fui convicta de que voltaria para casa, pois não estava sentindo nada, nadinha, nadinha de nada.

Já tinha ouvido muitos relatos de partos e sabia que era comum os médicos pedirem para que as parturientes só voltassem quando estivessem dilatação ou contrações ritmadas.

Eu continuava a perder líquido, muito líquido. Já no hospital, os exames confirmaram a bolsa rota. Decidiram me internar.

Como assim? Gente não vou para casa ficar "sofrendo"?
Então iria sofrer tudo ali mesmo internada? Eram muitas
dúvidas, mas uma certeza: Valentina iria nascer.

Ligamos para a família e deixamos todos de sobreaviso.
Ainda não sabíamos ao certo como seria, mas já sabíamos
que de lá só sairíamos com ela no colo.

Após novos exames médicos ficou constatado que
não estava tendo dilatação e as alternativas eram: tomar
medicação para induzir um parto normal ou fazer uma
cesariana.

Como já havia perdido muito líquido amniótico a primeira
opção tornou-se inviável.

Às 9h, entrei no centro cirúrgico para a cesariana. Tive
muito medo, tremi tanto que me lembro da sensação até
hoje.

Eu tinha muitíssimo medo de tomar a anestesia e ter

complicações como na cirurgia feita na infância. Meu esposo também temia e não podia ver alguém de jaleco pelos corredores que já corria para orientar (risos). Todos o tranquilizavam, mas ainda tínhamos medo.

Não pensem que fui louca. Quando planejava engravidar já havia tirado essa dúvida com minha médica e ela havia me afirmado que se houvesse necessidade de uma cesárea, a anestesia não me afetaria em nada. Mas como o seguro morreu de velho, tratamos de avisar os médicos naquele momento.

Às 9h30, do dia 05 de dezembro (aniversário de nossa cidade – Sertãozinho - SP - e, portanto, feriado) ela chegou ao mundo. Ao vê-la pela primeira vez, chorei. Chorei de felicidade. Como era bom conhecer seu rostinho, foram quase dez meses tentando imaginar como seria.

Ela veio como imaginávamos e desejávamos: linda, forte, cheia de saúde e personalidade. Valentina é assim, como o nome diz.

Agora sou mãe

Muita coisa mudou desde que meu coração passou a bater fora do peito, desde que meus dias não são só meus, desde que noites inteiras de sono não são uma decisão só minha, desde que não penso apenas na minha roupa, desde que não arrumo só minha bolsa, desde que não coloco só minha comida no prato...

Enfim, muita coisa mudou desde que me tornei mãe.

Uma mudança incrível que me fez ver que viver só para mim mesma não tem graça nenhuma, não faz nenhum sentido.

Agora que sou mãe, posso afirmar com certeza: a vida nunca mais será a mesma.

A maternidade é transformadora. Para mim, uma transformação bastante positiva. Vejo-me como uma pessoa melhor, ou pelo menos tentando melhorar; afinal, existe um serzinho dependente de mim, do que faço ou decido.

Acredito que todo ser humano tenha o dom ou instinto de cuidar do próximo. Mas as mulheres, essas exalam esse cuidado. Quando mães então...

Sim, eu sei que os papais também são incríveis e indispensáveis para esses cuidados, mas como o título desse livro é "Confissões de uma mãe ..." vou me permitir elogiar apenas as mulheres. E, cá entre nós, somos merecedoras de todos os elogios.

Quando me tornei mãe esse sentimento ganhou ainda mais vida. Agora precisaria cuidar 24h de alguém totalmente dependente de mim. Eu tinha algumas noções de como cuidar de um bebê, pois quando era criança ajudei a cuidar do meu irmão em vários momentos. Porém, uma coisa é você dar uma mamadeira aqui, ver como se troca uma fralda ou assistir a um banho, outra bem diferente é você fazer sozinha.

E eu havia decidido ser "mãezona", queria saber e fazer tudo. Lembro-me do primeiro banho que dei em minha filha. Que sufoco!

Como meu parto foi uma cesárea; na hora do primeiro

banho ainda estava sob efeito da anestesia, e o papai acompanhou o banho dado pela enfermeira. Ainda na maternidade fui eu quem deu o segundo banho em Valentina.

A enfermeira chegou com a banheira e logo perguntou: quem vai dar banho na criança? Respondi prontamente que seria eu. Mas fui humilde e expliquei que precisaria de ajuda. Ela me auxiliou. Sorte a minha porque sinceramente eu estava com medo. Estava segura de que queria fazer aquilo, mas apavorada com a ideia de deixar a bebê cair.

Os banhos em casa não foram tão difíceis. Comprei uma espuma própria para banhos e sentia-me segura. Não deixava mais ninguém fazer isso. Adorava dar os banhos naquela fofura.

Eu queria fazer tudo. Escolher as roupinhas, mesmo que sempre ficasse em dúvida no que vestir (principalmente nos dias frios), fazer as papinhas, colocar para dormir, etc. Ainda que estivesse exausta, queria estar ali.

Sim, sempre tive ajuda para cuidar dela e nem sempre

era eu quem fazia tudo, mas estava sempre ali por perto, vigiando. Queria cuidar de tudo.

Desde que me tornei mãe entendi que cuidar é prova de amor e abnegação. É verdade que não é sempre que você passa as madrugadas em claro, com sorriso no rosto, ou deixa aquele passeio de lado para o bebê dormir e fica feliz.

Há quem diga que dá saudade da "vida passada", da vida antes dos filhos. Ainda não tive essa sensação – sinto falta apenas de dormir na hora que quero (risos), mas não julgo quem sinta. Só quem é mãe pode entender esse "mix de sentimentos" – querer fugir e estar ali ao mesmo tempo.

É sentir-se plena e descontrolada ao mesmo tempo. É sentir aquele friozinho na barriga, mas também sentir-se empoderada.

Depois que se coloca um filho no mundo, a gente se sente mais poderosa, mas não deixa de ser sensível. É uma verdadeira mistura de sentimentos. Ora você tem certeza de que está se saindo super bem, ora você não tem ideia do que está fazendo.

Agora que sou mãe, estou entendendo melhor quem é mãe de verdade.

A hora de nanar

Talvez seja um dos maiores capítulos do livro porque sono, para mim, é sagrado e foi nesse "setor" da maternidade que enfrentei minhas maiores culpas. Ao longo do primeiro ano, o sono da minha baby mudou bastante – de ótimo para ruim, e bom de novo. E todas as vezes que ela dormia mal, que demorava para dormir, que chorava muito, que acordava demais, que não fazia as sonecas adequadas, eu achava que a culpa era minha.

Engraçado, né? Mas, culpa é um sentimento que anda de mãos dadas com as mães.

Voltando ao relato. Sono era sagrado e não seria diferente sendo mãe. Minha maior preocupação durante a gravidez era com os ditados "durma agora porque depois ..." Eu não podia aceitar isso. Precisava dormir.

Pesquisei bastante sobre o assunto. Àquela altura

já sabia que dormir também era muito importante para o desenvolvimento do bebê. Então, íamos dormir bem!

A gente sempre acha que será simples, na teoria sempre funciona tão bem.

Comprei um livro que ensinava técnicas para fazer o bebê dormir. O livro prometia 12h de sono a partir de 12 semanas de vida. Seria perfeito. Era tudo que eu desejava e sonhava.

Confesso: não terminei a leitura. No meio do caminho percebi que para minha realidade aquelas técnicas não iriam funcionar.

E aqui fica uma dica: precisa funcionar para você, para vocês, para a família. Sempre vai haver muitas dicas, truques e alternativas a se fazer. Mas tem que funcionar para sua rotina familiar.

Eu não estava disposta a fazer algumas concessões. Por

exemplo, uma das instruções era que o bebê dormisse por volta das 18h.

Como assim? Meu marido vai chegar do trabalho e nem vai ver a criança? Não. Definitivamente, para mim não dava.

Outro ponto: de acordo com o livro, teríamos que manter uma rotina quase rigorosa e eu sabia que não conseguiria já que os finais de semana quebraríamos as regras.

Parei a leitura e prossegui à procura de orientações na internet mesmo.

Quando Valentina nasceu, eu já não lembrava quase nada do que havia lido. Era muita adrenalina manter um bebê vivo, alimentado e dormindo. Deixei a coisa rolar.

Com um mês, ela já dormia a noite toda. De 8h a 10h seguidas! E eu? Não acreditava no tamanho da sorte que tinha. Era perfeito. Ela dormia bem e eu não tinha feito nada para que isso acontecesse. Nesse tempo, ela dormia lá pelas 23h, mas como fazia várias sonecas e dormia a noite toda, eu não me importava.

Por volta dos quatro meses, as coisas mudaram. Ela passou a acordar durante as madrugadas e já não dormia com tanta facilidade. A princípio acordava uma vez, duas no máximo. Eu já começava a pensar o que estaria errado. Seria minha culpa?

Aos seis meses, mudou novamente. Ela acordava de duas em duas horas, muitas vezes chorando muito e demorava pegar no sono de novo. Eu fiquei apavorada. Certamente, havia errado algum ponto.

Houve noites em que ela acordava chorando muito e demorava horas para pegar no sono novamente. Era horrível – pelo cansaço físico, mas também emocional.

Em alguns momentos, eu "tirava de letra". Porém, em muitas dessas noites, confesso: chorava, chorava muito; e, se não fosse meu esposo para acudir e acalmar a ambas, não sei como seria.

Nas consultas com a pediatra, relatava minhas dúvidas e sempre recebia a mesma resposta: "Valentina é muito saudável. Essa fase vai passar. Demora, mas passa. Tenha paciência".

Mas, difícil é ter paciência quando você não dorme bem há dias, há meses. O fato era que sabia que não dormir poderia prejudicar o desenvolvimento dela. E eu? Eu queria dormir! Era sagrado (risos).

Reiniciei minhas pesquisas. Desejei até pagar cursos sobre sono do bebê.

Durante as pesquisas percebi que estávamos a superestimulando. O excesso de estímulos ou as brincadeiras fora de hora poderiam estar contribuindo para a agitação. Além do mais, suspeitávamos que os dentinhos poderiam estar prestes a nascer – não era isso, pois só vieram com quase nove meses.

Eram muitas possibilidades, mas decidi fazer uma "faxina" na rotina – a famosa higiene do sono. Visitas e atividades intensas somente até às 17h. Às 17h30 seria a hora do jantar. Às 18h, quando o pai chegasse, seria a hora do banho, brincaríamos calmamente até ela dar sinais de sono. Deu certo.

Percebi também que ela dava os tais "sinais de sono" a partir de 18h. Lembrei-me das poucas páginas do livro que li e das muitas pesquisas, que mencionavam que, com o anoitecer, o corpo do bebê libera melatonina, o hormônio do sono. Naquele tempo, Valentina seguia bem esse relógio natural. E, às 19h, já estava bastante sonolenta.

Contudo, isso não é regra. Acho importante mencionar a necessidade de observar a rotina diária da criança para definir qual será o horário de sono noturno. Cada bebê é único. Apesar de acreditar na importância da rotina e de fazer o possível para mantê-la, os dias não são necessariamente idênticos, e isso deve ser levado em conta.

No caso da minha filha, como a rotina já estava ajustada, comecei a levá-la para dormir às 19h. Funcionou muito bem.

Valentina começou a dormir a partir das 19h, 19h30 até à meia-noite ou 1h da madrugada. Acordava uma ou duas vezes, mamava e dormia de novo, sem muitas lutas.

Sim, havia dias difíceis, de luta contra o sono e de mais despertares, mas eram raros. Para nós estava funcionado bem assim. E, aos finais de semana, quando quebrávamos a rotina pagávamos o preço da agitação. Mas, ok. Não dava para ficar em casa 24h.

Muita gente não entendia e olhava com aquela cara de "mas, ela dorme tão cedo?"

Eu não me importava, estava respeitando o ritmo dela. E de quebra ainda tinha tempo de qualidade, para cuidar de mim, ler um livro, assistir a uma série, dormir ou fazer o que desejasse.

Ao longo do tempo, fomos fazendo pequenos ajustes nessa rotina de sono. Ela estava crescendo e as necessidades mudando, queria brincar mais, passear com o pai e dar voltinhas pelo bairro.

Adaptações são necessárias conforme crescem, mas há algumas coisas que não mudam e é preciso compreendê-las para que sigam em harmonia.

Hora da soneca ZZZZ

Se você é mãe, cuida de algum bebê ou os tem por perto sabe que as sonecas feitas durante o dia são fundamentais para os pequenos. Sejam para que descansem e armazenem o conhecimento adquirido, sejam para que tenham uma noite mais tranquila ou para que nós, cuidadores, não tenhamos um colapso de canseira (risos).

Mas, brincadeiras à parte, para continuar este capítulo vou ter que dividir algo importante com vocês. Algo que certamente mudou nossa maneira de cuidar da Valentina e provavelmente afetou a forma com que a colocávamos para fazer as sonecas.

Com poucos dias de vida, Valentina ficou levemente resfriada, nada de mais, nariz entupido e só. Começamos a fazer aerossol com soro fisiológico por conta mesmo. Certa noite, ela estava com nariz bastante congestionado e recorremos ao aerossol.

Nesse dia, Danilo e eu tomamos o maior susto de nossas

vidas. Enquanto fazia o aerossol, ela adormeceu e se engasgou com a secreção liberada. Ficamos apavorados, mas felizmente meu marido lembrou-se das manobras necessárias para reanimá-la. E quando o socorro chegou ela já estava bem.

Esse dia foi traumático para nós. E se já achávamos necessário conferir se ela estava respirando bem antes, imagine depois desse dia. Durante à noite nos revezávamos vendo-a dormir e respirar.

Durante o dia as sonecas aconteciam no carrinho de bebê para que ela pudesse ficar perto de algum cuidador.

Aí minha amiga, ela acostumou a dormir com o balanço do carrinho. Conforme foi crescendo o sono foi ficando mais leve e os balanços tinham que ser mais frequentes. É mole?

Chegamos a um ponto de ter sempre alguém com ela para que nos momentos de transição de sono – quando os bebês passam pelo sono leve – ela fosse embalada novamente e, assim, dormisse uma boa soneca. Se não fosse assim, dormia apenas vinte minutos, quarenta quando tínhamos sorte.

Meu marido até havia sugerido que ela fizesse as sonecas no berço, mas eu temia que fossem ainda mais curtas. Depois surgiu a ideia de colocarmos a baby em seu próprio quarto na hora dos cochilos, mas primeiro queríamos comprar uma babá eletrônica para poder observá-la.

Lutei por um bom tempo mantendo-a em seu carrinho de bebê. Mas, ela estava crescendo e o carrinho ficando pequeno e desconfortável. Era hora de ceder.

Primeiro, colocamos para dormir no berço portátil, mas na sala ao nosso lado. Depois descobrimos que o ambiente claro demais não era indicado para a hora do sono. Levamos para seu quartinho. E as sonecas melhoram muito, sem esforços. Havia dias ruins? Sim. Assim como enquanto dormia no carrinho.

Fomos vencendo os medos e com conhecimento ajudando-a a dormir melhor. Ainda estamos na luta. Há dias plenos de sonecas restauradoras, há dias de sonecas curtas e há dias em que só dorme no colo da mamãe, mas esses são raros.

O jeito é não sofrer e não se culpar. Buscar conhecimento e estar bem para ajudá-los nessa descoberta pelo "mundo do sono".

O quartinho da baby

Cerca de um mês antes de nascer, o quarto da bebê já estava pronto, mas como bons papais de primeira viagem, meu marido e eu decidimos que Valentina iria dormir conosco pelo menos nos primeiros meses.

Providenciamos então um berço portátil e colocamos ao lado da nossa cama. Acreditávamos que assim era a melhor forma de observar se a neném estava respirando ou precisando de algo. Além de facilitar na hora das mamadas noturnas, pois estava ali bem pertinho.

Eu pensava que o momento da transição do nosso quarto para o quarto dela devia ser planejado para que ela se adaptasse sem muitos conflitos.

Mas, na verdade, a transição se deu quase que de repente.

Como disse, compramos um berço portátil, mas me esqueci que ele tinha limite de peso para ser usado no primeiro nível (a parte mais elevada) – o segundo nível era muito baixo e inviável para ser usado para dormir.

Não sei se já mencionei, mas Valentina era bem gordinha. E, em poucos meses, já tinha ultrapassado o limite máximo indicado. Acontece que como havíamos esquecido de olhar esse detalhe, ela ficou um bom tempo usando o berço desta forma.

Quando completou seis meses, comecei a pensar que seria importante ir planejando a transição. Mas, a única coisa que fiz foi ir levando a pequena para brincar um pouquinho no seu quarto durante o dia. Era uma espécie de ambientação.

Ou seja, o tempo estava passando, ela ganhando peso e nós não estávamos planejando nada efetivamente.

Aos sete meses, Valentina começou a virar-se de lado ou de bruços enquanto dormia. Foi aí que percebemos que o colchão estava irregular e afundando no meio.

Minha mãe acendeu a luz que faltava quando sugeriu que o berço devia ter limite de peso. Fui ler o manual e descobri que há meses estávamos usando o berço indevidamente. Um susto. Pensamos que isso poderia prejudicar a coluna da criança e então tomamos a decisão: ela vai para o próprio quarto!

Valentina tinha oito meses quando isso aconteceu. Corremos e compramos a babá eletrônica que faltava.

A mamãe aqui, preocupadíssima com a adaptação da bebê, decidiu dormir com ela por um tempo. Joguei um colchão no chão e dormi ali por um mês.

Agora, pergunte-me se ela estranhou algo. Nenhum dia sequer. Não deu o mínimo trabalho. Pelo contrário, passou a dormir melhor, pois a essa altura do campeonato já estava bastante curiosa e qualquer barulhinho que fazíamos em nosso quarto fazia com que ela acordasse ou se mexesse muito.

No fim das contas, fiquei me perguntando se não deveria ter feito isso antes. Mas, não adiantava reclamar, o jeito era aproveitar e agradecer que havia dado certo.

Dicas para um sono de qualidade, por Nanda Perim

** Nanda Perim é psicóloga, terapeuta familiar e autora dos livros "Quando dei tchau pra Pepê", "Dino Davissauro" e "Tchau, Fralda!"*

Nanda "entrou em minha vida" em um dos momentos mais delicados após o nascimento da Valentina. Eu estava cheia de culpas e dúvidas sobre o sono da minha bebê. Conhecer seu trabalho foi fundamental para aliviar esses pesos desnecessários.

1 – Tenha uma rotina amiga do sono (Rotina Corujinha), contemple as necessidades emocionais, sociais e fisiológicas da criança, para que ela possa ter equilíbrio químico e plenitude emocional para melhores noites de sono;

2 - Alinhe expectativas: mesmo para a literatura do sono, 'dormir a noite inteira' é dormir apenas 5 horas seguidas. Você sabia? Portanto, é esperado despertares até dois anos de vida, fome de madrugada até uns 18 meses e necessidade de se sentir próximo aos adultos durante toda a primeira infância;

3 - Rotinas e rituais transformam o dia das crianças. Elas se sentem seguras e facilitam as atividades quando existe previsibilidade. A sequência de eventos ajuda a estruturar o corpinho da criança, além de nos ajudar a não esquecer detalhes importantes do dia. Os rituais colocam a criança no ritmo, relaxam e ajudam o corpo inteiro a mergulhar no momento;

4 - Deixe a noite entrar na casa. Não acenda muitas luzes depois das 18h (apenas abajures pela casa, se possível), uma hora antes de colocar a criança para dormir deixe a luz baixa, fale calmamente, ou com vozes sussurrantes e inicie o ritual do sono (banho, massagens, história, conexão, carinho, quarto escuro e sono);

5 – Saiba o que esperar e fuja das armadilhas. Se permita cuidar intuitivamente do seu filho (a). Amamentar ou embalar para dormir não são "associações negativas do sono". São ações naturais, intuitivas e conectivas;

6 – A "fórmula mágica do sono" está em se atentar ao completo dia da criança. Deixar luzes acesas de noite, casa agitada, passar o dia em telas sem correr nem brincar, não

ter tempo de qualidade com a criança, não ter um dia bom, não ter uma noite relaxante, ir dormir com frio ou com fome – são alguns dos elementos que afetam a noite de sono;

7 – Melatonina x cortisol: para não acumular cortisol, a criança precisa ter um dia bem vivido, não estar com medo, nem estressado, ter tirado as sonecas, se sentir cuidado e amado. E, para liberar a melatonina, o "hormônio do sono", é importante manter rotina e ritual do sono;

8 - Brincar, correr, se divertir, não ficar presa em berços e cadeirões, nem em frente a telas, poder se movimentar bastante são importantes para liberar serotonina, ocitocina e dopamina durante o dia, isso ajuda no sono noturno;

9 - Nunca, jamais, ignore uma criança que te chama, principalmente de noite. A criança precisa se sentir segura. Se a criança te chama, e você vem, ela entende que está segura e isso a ajudará a desenvolver autonomia para adormecer sozinha;

10 – Sonecas são importantes: elas ajudam a liberar a pressão homeostática acumulada no corpo da criança,

ajudam a regular os níveis de cortisol, e assim a criança fica menos estressada ao longo do dia;

11- Os alimentos ricos em triptofano auxiliam muito porque são a matéria-prima da melatonina. Exemplo: peixes, peru, ovos, nozes, castanhas, leguminosas (feijão azuki, lentilha, soja), semente de abóbora, linhaça, aveia, arroz integral, chocolate amargo e queijo tofu;

12 – Com o passar dos anos, o sono se torna mais efetivo, com a evolução do sono passamos a ter mais tempo de sono profundo e menos de sono leve;

13 - Não dormir bem é diferente de despertar durante à noite. Por exemplo: há bebês que despertam, porém têm sono de qualidade. Há também os que passaram por treinamento de sono estressante que podem dormir mal e chamar pouco os pais à noite;

14 – O déficit de sono pode ter consequências na consolidação da memória, no crescimento e na capacidade de aprendizado da criança. Se a criança estiver com

privação de sono, ela demonstrará compensando durante o dia, tendo um comportamento irritadiço e outros sinais comuns a qualquer pessoa exausta;

15 – Não acorde a criança. Se ela precisa acordar mais cedo, então precisa dormir mais cedo. Se ainda está dormindo é porque está cansada e precisa dormir.

Contatos

Youtube: Nanda Perim
Instagram: @psimamaa
Facebook: /Psimamaa

A hora do "tetê"

Aqui, em casa, o momento de amamentar minha filha foi carinhosamente chamado de "hora do tetê" (risos). Valentina adora um tetê. Costumo brincar que se deixar ela vai mamar até uns dez anos.

Exageros à parte, quero partilhar com vocês um pouco dos sentimentos envolvidos nesse momento da amamentação. E já vou confessar: tive pensamentos egoístas ao amamentar.

Como assim, Jacqueline?

Vou tentar explicar: desde que Valentina nasceu tenho contado com o apoio das vovós para cuidar dela no dia a dia. Elas estão comigo desde o primeiro dia, para ajudar no puerpério e recuperação da cesariana e depois para que eu pudesse trabalhar (voltei à ativa apenas dois meses após o parto).

Enfim, não era comum passar os dias sem apoio.

Com isso, as vovós e o papai sabem fazer de tudo para a pequena – trocar fraldas, colocar a roupinha, dar banho, dar comida, brincar, etc. Mas, amamentar ninguém mais podia fazer. E era tão prazeroso saber isso. Era algo que somente eu poderia fazer por ela, um momento só nosso. Talvez um pensamento egoísta ou de insegurança materna. Não sei, mas estou confessando.

Amamentar é um momento mágico e que vai além da alimentação, é hora de reforçar os laços. E olha que aqui em casa não tem esse negócio de ficar olhando nos olhos enquanto faz tetê (risos). Valentina mama concentrada e olhando para o além. E eu também. Acho que fico dormindo sentada na verdade. É claro que de vez em quando rola aquela troca de olhares meiga (igual das fotos de revista), mas é raro.

Não está certo ou errado. É nosso jeito. Cada dupla – mãe e filho (a) – tem o seu.

Aliás, se tem algo que aprendi amamentando é falar de certo ou errado. São tantas "regrinhas" que nos ensinam nos cursos de gestante e tutoriais on-line. Muito válidas, não estou desmerecendo. Utilizei várias e as recomendo.

Mas, a questão é que às vezes ficamos tão focadas nessas regras que não nos entregamos à prática. Tem que ter pega correta? Tem sim. Contudo, pode ser que você precise de muita paciência para chegar nisso. E pode ser que não dê certo. E, se você tentou e não deu certo, ok. Existem outras formas de amamentar. E também está tudo bem.

Meu pensamento sempre foi muito positivo em relação à amamentação. Sempre acreditei que conseguiria. E acho que aí está um ponto importante: querer e acreditar. Querer dar de mamar e acreditar que dará certo.

Os fatores psicológicos contam muito nessa relação. Estresse, por exemplo, pode influenciar na baixa produção de leite materno. Então ter a mente sã pode fazer toda diferença.

Sabemos que existem inúmeros fatores que podem impedir a amamentação. Mas, se você realmente deseja e tem dificuldades, primeiro continue desejando e depois procure ajuda de um profissional do setor. Pode valer a pena.

Bom, eu sempre quis e acreditava que conseguiria. Deu certo! Valentina também ajudou muito nesse processo. Já nasceu sabendo mamar. Pegou e não largou até hoje.

A primeira mamada foi estranha. Após a cesárea, você fica ali deitada por horas e alguém precisa te auxiliar para que o bebê mame. Minha mãe fez isso. Segurou meu peito e levou até a boquinha da baby. Não me lembro do que pensei, ainda estava meio "passada" com o parto.

Lembro de pensar que não tinha colostro e a enfermeira vir me acudir e me acalmar dizendo que eu tinha bastante, o suficiente para aquela recém-nascida.

Ao sair da maternidade, as orientações do pediatra me impactaram. Ele afirmou categoricamente que deveria amamentar a cada três horas, não mais que isso. Àquela altura tudo que havia lido sobre livre demanda já não lembrava mais.

Fui para casa com essa "regra" para cumprir. Mas, como? Valentina queria mamar num intervalo bem menor. Às vezes de hora em hora.

Fiquei em choque. Com ajuda do esposo lembrei da tal livre demanda e de todos seus benefícios. Daí para frente era tetê a todo tempo. Chorou, toma tetê. Acordou, toma tetê. Cólica, tetê. Cansou, tetê. Vai dormir, tetê. Virei a "louca do tetê".

E, como eu já disse, Valentina adorava um tetê. Então você já pode imaginar que a livre demanda salvou nossos dias.

Nos primeiros meses, quando as cólicas surgiram, a amamentação foi uma grande aliada. Deixava-a calma e ajudava a aliviar as dores.

Segui firme e forte com aleitamento materno exclusivo até os seis meses. Com a introdução alimentar, diminuímos um pouco a frequência e o tempo das mamadas, mas elas não deixaram de existir.

Hoje, os tetês são mais rápidos e acontecem em horários mais definidos. Ah! Sempre rolam umas mamadas na madrugada também. Essas são as mais difíceis, eu confesso. Mas, ainda, não penso em desmame noturno. Nem desmame integral.

Enquanto eu aguentar, enquanto for bom para nós duas, seguirei amamentando. Nesse momento essa é a única regra por aqui.

Dias difíceis

Houve, sim, os dias em que amamentar não era tão prazeroso. Aqueles dias em que o peito fica transbordando leite, e por mais que o bebê mame, parece não esvaziar. Houve dor, poucas vezes, mas houve. Dias em que precisava massagear para ter alívio, dias de parecer que os peitos ardiam a cada sucção, e dias em que a pega não estava correta. Esses dias não são fáceis, mas passam.

Geralmente os primeiros meses exigem mais esforço da mãe. Com sorte, esses dias de sofrimento não foram rotina em minha vida. Eram esporádicos e por isso talvez nunca tenha pensado em desmame.

Eu disse nunca?

Na verdade, não foi bem assim. Em algum momento pensei que não estava tão bom, para mim, e talvez uma leve dúvida sobre continuar possa ter surgido.

Foi quando os primeiros dentinhos começaram a despontar – no caso da Valentina próximo aos nove meses.

A agitação causada pela dor do nascimento dos dentes, minha falta de conhecimento e traquejo para lidar com a situação se somaram e resultaram num medo terrível de amamentar. Após a primeira mordidinha entrei em pânico.

Comecei a lembrar as histórias que já havia ouvido um dia sobre mães que sangravam ao amamentar, mães que levaram mordidas tão fortes que tiveram os mamilos arrancados ou cortes profundos.

Pronto foi o suficiente para ter muito medo. Amamentava suando frio, desejando que acabasse logo e com os dedos sempre apostos – havia lido que a melhor coisa a se fazer em caso de mordidas era colocar o dedo na boquinha da criança para que ela largasse o peito.

Isso não durou muito tempo. Como estava decidida a continuar, conversava comigo mesma para me acalmar.

Busquei conhecimento sobre o assunto. Além dos dedos apostos para qualquer emergência (risos), fui percebendo a mamada – se ela estava agitada e os possíveis porquês, se queria arrotar, se estava com gases, se estava satisfeita, etc.

O momento já não era mais de tensão. O que era medo tornou-se aprendizado. Comecei a perceber mais minha filha e nosso elo ganhou mais força.

Os dentes não paravam de surgir, mas tudo bem. Eu estava calma, e ela percebeu isso. Nunca mais me mordeu.

Dicas para uma boa amamentação, por Stéphanie Sapin

**Stéphanie Sapin é autora do livro "Nasceu, e agora?" e há quase 40 anos ajuda casais grávidos por meio de cursos presenciais ou on-line.*

Foi durante a gravidez que descobri Stéphanie. Seus vídeos publicados no YouTube foram importantes ferramentas para me preparar para a chegada da Valentina.

1 - Tome muito líquido: de 4 a 6 litros por dia, evitando chá preto, chá mate, café, refrigerantes e leite de vaca;

2 - Procure descansar sempre que o bebê dorme e aceite ajuda para cuidar de sua casa e de você;

3 - Ao amamentar procure ficar numa posição bem confortável e relaxada com ajuda de almofadas;

4 - O leite mais nutritivo é fabricado durante a mamada; por isso, procure dar um seio só a cada mamada;

5 - Não se preocupe com os afazeres domésticos, faça só o absolutamente necessário;

6 - Deixe sempre um copo d'água ao seu lado durante a mamada, pois sentirá muita sede e, se não beber na hora, a sede vai passar e você não terá bebido;

7 - Procure sair uma tarde por semana sem o bebê para fazer algo agradável;

8 - Se tiver bastante leite, deixe o papai dar uma mamadeira de seu leite de madrugada uma vez por semana para que você possa dormir;

9 - Sustente seus seios com um bom sutiã. O que faz eles caírem não é amamentar, é não sustentar;

10 - Procure amamentar seu bebê na sala de parto, ele vai pegar melhor e se sentir capaz;

11 - Nos primeiros dias, o bebê mama Colostro o que é importante para ele. Ele vai querer mamar o tempo todo e isso é normal. Procure não dar leite em pó a menos que seja uma indicação médica;

12 - Deixe-o sugar muito nos dias do Colostro. Quanto mais sugar nesta fase mais leite terá depois;

13 - Procure levar o bebê para o seio e não o seio para o bebê; coloque um lubrificante no seio para a boca do bebê deslizar, se agarrar vai machucar;

14 - Amamentar deve ser prazeroso para você e para seu bebê. Se não for há algo errado. Procure um profissional especializado para ajudá-la.

Contatos

Site: stephaniesapin.com.br
Youtube: Stephanie Sapin
Instagram: @stephanie.sapin
Facebook: /StephanieSapin

A hora do "papá"

Acredito que toda mãe sofra pressões, sejam externas ou internas, quando o assunto é alimentação do bebê. Primeiro, há as dúvidas do tipo: será que meu leite é "forte"? Será que estou amamentando na hora certa? Será que ele (a) está com fome? Será que, mesmo bebendo leite do peito, não pode estar com sede? Será? Será?...

Some-se a isso os inúmeros palpites que ouvimos desde que o bebê nasce. "Você precisa dar água". "Você precisa dar chá para aliviar as cólicas". "Não faz mal dar suco". E por aí vai...

O fato é que ouvimos muitas coisas e temos inúmeras dúvidas. O importante, para mim, foi estar bem informada, fosse lendo artigos ou esclarecendo as principais dúvidas com a pediatra.

Aqui, em casa, vencemos a etapa do aleitamento materno exclusivo (AME) com sucesso. Consegui vencer as dúvidas e os palpites e manter a pequena no peito até a idade indicada pelos médicos.

Aos seis meses, começamos a introdução alimentar. Passo a passo conforme fui orientada pela pediatra e pela internet (risos). Primeiro as frutas (uma de manhã, outra à tarde), depois o almoço e, em seguida, o jantar.

Sempre dá aquele frio na barriga e novas dúvidas vêm à mente. "Será que gostou?". "Será que ainda está com fome?". "Dou papinha ou começo com BLW (uma abordagem de introdução alimentar em que o bebê tem o seu desenvolvimento, ritmo e autonomia respeitados)?".

Optei pela velha fórmula e comecei com a tradicional papinha. Confesso: a primeira papinha que fiz estava tão ruim que nem eu mesma comeria (risos). Depois peguei o jeito e a pequena adorou. Comia tudo! Que orgulho – a gente sempre fica orgulhosa ao ver o prato vazio, mesmo que saibamos que isso não é critério para avaliação.

Confesse você também: o dia que o bebê não está muito a fim de esvaziar o prato, bate um desespero não é?

Que bobagem a nossa. Bebês e crianças são como nós adultos. Há dias em que eles não estão bem, não querem comer, querem só leite, ou apenas não estão com fome naquele momento.

Aprender isso, que a criança tem que se autorregular, também fez parte desse processo. Incluir uma dieta mais saudável em nosso dia a dia também. Todos começamos a comer melhor depois que iniciamos a IA (Introdução Alimentar).

Com o tempo, a gente aprende do que mais gostam, o que comem melhor, aprendemos também a dar um jeitinho para que o baby coma aquilo que não gostou tanto. E, se não comer algo hoje, não tem problema, amanhã ou depois tentamos de novo.

Valentina sempre comeu bem, mas passou – e passa – por várias fases. Amava morangos, atualmente ama peras. Não dispensa um ovinho e adora carnes. Se não está com muita fome, joga para fora do prato todos os legumes. Aí entram meus truques: amasso alguns junto com o arroz e pelo menos um pouquinho desce.

Ok. Pode não ser o ideal. Bacana quando a criança devora os legumes segurando com a mão – e temos que dar mesmo para que provem e se lambuzem – mas, acredito que importante também é nutrir. Por isso, uso meus truques. Coloco no prato o legume em pedaço e sempre disfarço outros em meio ao arroz. Me julguem (risos).

A introdução alimentar pode parecer um bicho de sete cabeças no início, mas depois vira rotina e é como amamentar, você nem percebe mais como faz, simplesmente faz.

É vivendo cada dia, hora dando comidinha com garfo, hora deixando pegar com as mãos, hora comendo sozinha com a colher, hora a vovó dando na boca, se sujando sempre. Acredito que o importante é não deixar essa hora ser um fardo pesado. Sempre repito mentalmente: ela deve gostar desse momento, de estar à mesa para comer.

Sim, eu sei que às vezes perco a paciência com a bagunça e com os muitos "nãos" que ouço, mas o exercício de alimentar é diário. Se erro hoje, amanhã acerto. No fim das contas, a gente aprende junto com eles.

Dicas para introdução alimentar, por Camila Garcia

Camila Garcia é nutricionista materno infantil, formada em Nutrição pela PUC-Campinas e pós-graduada em Saúde e Nutrição Infantil pela Unifesp.

Conheci seu trabalho também através das redes sociais. Com carisma, Camila orienta as mamães a como conduzir a introdução alimentar e dá muitas sugestões interessantes sobre alimentação infantil, nas mais diversas etapas da vida dos pequenos.

A introdução alimentar (IA) consiste em fazer a transição do aleitamento materno ou da fórmula para os alimentos. É uma fase de aprendizado, na qual a criança aprende a comer os alimentos sólidos.

Será uma novidade para o bebê, mas para você também. Por isso, antes de saber como fazer, lembre-se de se sentir segura, confiante e passar isso para o bebê.

Eles sentem tudo que nós sentimos e, se você estiver tensa ou insegura, ele também vai sentir, não vai querer comer e pode atrapalhar até no sono. Esteja confiante, tranquila, segura e transmita esses sentimentos para o bebê. Assim, ele sentirá que está seguro e preparado para essa nova fase.

A introdução alimentar é um processo natural que todo bebê vai passar, cada um no seu tempo.

É importante lembrar que o leite continuará sendo o principal alimento até 1 ano. Não fique preocupada se ele está comendo a quantidade suficiente ou não. O leite estará ali para dar todo suporte de calórico e de micronutrientes que ele precisa.

É nessa época que se constrói os hábitos alimentares da criança. Por isso, é fundamental oferecer uma variedade de alimentos e consumir a quantidade correta de micronutrientes e vitaminas. Dessa forma, quando adultos, eles terão menos chances de desenvolver a obesidade e doenças como hipertensão, diabetes, entre outras.

Infelizmente, é comum ver essas doenças em adultos e, nos últimos anos, em crianças também. Este é o momento certo para criar hábitos, comportamentos e atitudes saudáveis em relação à alimentação.

Os pais têm essa responsabilidade de formar o paladar do filho. Então vamos pensar lá na frente e fazer a introdução alimentar corretamente desde o início.

Alguns pontos devem ser levados em consideração antes de começar a introdução dos alimentos. Eles são importantíssimos para garantir que o bebê consiga mastigar e engolir o alimento corretamente diminuindo, assim, as chances de engasgo.

São eles:

- idade próxima aos 6 meses;

- se o bebê consegue manter a cabeça erguida, bem durinha;

- se o bebê consegue sentar quase sem apoio;

- se o bebê está levando os objetos até a boca.

Lembre-se sempre: é uma fase de aprendizado, e se ele não comer, tudo bem!

Não fique aflita e deixe o bebê à vontade. Ofereça, mostre as variedades e não se preocupe com quantidade. Ao longo do tempo, ele aprende, sem pressa, respeitando o ritmo de cada um.

Dicas Extras

1.   Qual a idade certa para começar a IA?

Em torno dos 6 meses. Deve-se prestar mais atenção nos sinais de prontidão do que a própria idade. É quando a criança já está preparada para receber outros alimentos.

2.   Qual fruta é mais indicada no início da IA?

Não existe a fruta ideal, todas são liberadas. Leve em conta a sua região e as que estão na época, porque são mais saborosas, precisam de menos agrotóxicos, são mais bonitas e mais baratas.

3.   Quantas vezes ao dia oferecer alimentos na IA?

No começo, 1x/dia porque a criança precisa ir se adaptando. Se colocarmos todos os horários com todas as refeições a chance de frustração é muito grande. Vamos devagar, que cada um tem o seu ritmo, para a criança aceitar melhor e aprender.

4.	Como é a amamentação na IA?

No começo, os horários ficam um pouco bagunçados, mas é normal até a adaptação a nova rotina. Lembrem-se que o leite continua sendo o principal alimento até 1 ano.

5.	Quanto o bebê deve comer?

Não existe uma quantidade específica, cada bebê é único, com necessidades únicas. E, o mais importante, cada um sabe o quando é suficiente para si. Vamos respeitar quando eles nos dão sinais de que estão satisfeitos.

6.	O que fazer quando o bebê não quer comer?

Nunca deixe de oferecer, porém sem forçar a criança a comer. Estimule-o comendo junto, mostrando os alimentos e deixando ele ter contato, mesmo que sem comer.

7.	Pode oferecer suco?

Os sucos não são indicados para menores de 1 ano. Crianças acima de 1 ano podem em pequenas quantidades. O suco nada mais é do que a água com o açúcar da fruta, sendo muito mais rico consumirmos a fruta inteira do que o suco dela.

8. Como temperar a comida? Pode usar sal?

O sal é indicado acima de 1 ano. Antes disso não precisamos deixar a comidinha ruim ou sem gosto, podemos utilizar qualquer tempero natural: alho, cebola, cheiro-verde, manjericão, entre muitos outros.

9. Pode congelar os alimentos?

Pode sim. O ideal é congelar em potes de vidros ou plástico livres de BPA, em pequenas porções, evitando o desperdício.

Contatos

Blog: nutrinfantil.com.br
Youtube: Nutrinfantil
Instagram: @nutrinfantil
Facebook: /Nutrinfantil

A volta ao trabalho

É não foi tão difícil. Não me julgue. Eu mesma pensava que deveria ser. Pensava que deveria chorar, sofrer, ficar pensando o tempo todo. Enfim, essas coisas de mãe.

Pensei muito, isso é verdade. Mas, sem sofrimento. Minha experiência estava sendo bastante positiva. Muitos fatores contribuíram para isso. Acredito que o mais importante era saber que ela estava segura e sendo respeitada.

Não chorei. Não ressenti. Foi tranquilo porque eu estava convicta de que era o certo a se fazer naquele momento.

Outra coisa que ajudou muito no meu caso foi que tive o privilégio de ficar cuidando da minha filha durante um ano inteiro. Já estava tralhando desde que ela tinha dois meses. Mas, um acordo me possibilitou trabalhar em home office.

Era um sonho. Poderia trabalhar, sentir-me útil, produtiva; cuidar dos meus afazeres domésticos e, o principal, ser a "mãezona" presente que eu tanto desejava.

É bom esclarecer que não acho, de maneira alguma, que as mães que trabalham fora não sejam mãezonas ou boas mães. Não cabe a mim esse julgamento. Mas, era um sonho poder curtir bem de perto cada coisinha que ela fizesse. Para mim, era importante e fazia-me sentir "mãezona".

Por um ano e dois meses, pude curtir cada detalhe, cada brincadeira e descoberta, mas também cada tensão e estresse - quem é mãe ou pai sabe bem o que estou falando. A vida com um bebê ou uma criança é assim: muito amor e muito estresse andando juntinhos.

Mas, era hora de voltar ao trabalho da maneira convencional, cumprindo hora e indo ao local de trabalho. Não seria um sacrifício, afinal, eram apenas quatro horas diárias, rodeada de gente que gostava muito.

Como já mencionei, sou jornalista e atuo há anos prestando serviços na área de Assessoria de Imprensa e Comunicação, algo que amo fazer. Então, trabalhar era prazeroso e bastante positivo para que eu mantivesse minha saúde mental em dia.

Ainda assim, a princípio, quis sofrer. Queria muito permanecer como estava, ficando com minha pequena 24h. Por um momento, relutei e pensei: vou parar de trabalhar.

Mas, depois racionalizei. E, antes de conversar com meu marido – que estava disposto a apoiar minha decisão, cheguei a uma conclusão: vou voltar.

Os primeiros dias foram tranquilos. Se ela chorava, chorava pouco, logo se distraia com a avó. Quando chegávamos para o almoço, ela fazia festa; às vezes, chorava e queria tetê para acalmar – era a forma que encontrávamos para nos "reconectar".

Se você está passando por essa fase, ou já passou, sabe que pode sim ser sofrível, principalmente porque a maioria das mães tem que voltar ao trabalho com os bebês muito pequenos (entre quatro e seis meses), algumas precisam colocá-los em escolinhas ou pagar uma babá, e isso pode trazer muitas preocupações.

Minha dica é: racionalize! Pense com calma, planeje-se e prepare-se com tempo. Pense: "preciso mesmo voltar ao trabalho?". Se sim, veja com carinho quem ficará com a criança e com tempo reorganize a rotina. Deixe que o bebê tenha tempo para se acostumar a nova rotina e com o novo cuidador.

Vou contar o que fiz. Tive quinze dias para me reorganizar. A equipe voltaria às atividades e eu precisava decidir se voltaria a atendê-los ou se seria o fim daquela parceria. Como já disse, decidi voltar.

Minha maior preocupação era: como farão para Valentina tirar sua soneca da manhã? Ela só dormia comigo, após uma mamada. Eu ficava pensando que ela iria sofrer, ficar sem dormir e coisas desse tipo. Então, precisava acostumá-la a dormir sem mamar, e tinha pouco tempo para isso.

Na primeira semana, decidi que a alimentaria com frutas e, na sequência, a levaria para o quarto para ninar. No primeiro dia já deu certo! Sério! Nem eu estava acreditando.

A semana seguinte seria minha sogra quem faria isso. Ela ficaria com a baby para eu retornar minhas atividades – na verdade, ela já cuidava dela todos os dias pelas manhãs; a única diferença é que faria isso sozinha a partir desse momento.

No primeiro dia com minha sogra já deu certo! Como assim? Ela não vai chorar? Não vai querer a mãe? Não vai querer mamar? Não! Ela simplesmente dormia.

Eu tive sorte, mas a reorganização da rotina foi fundamental para todos os envolvidos se sentirem seguros e ficarem bem.

Penso que isso facilitou minha decisão. Saber que ela estava bem. E, no fundo, é isso que vale para uma mãe: o filho estar bem!

O primeiro aninho 

Antes de ser mãe pensava que festas de um ano eram uma tolice, algo feito só para gastar dinheiro e satisfazer os pais da criança. Aí tornei-me mãe e passei a ver tudo com outros olhos. As coisas mudam muito quando se tem um filho e você aprende que julgamentos não são bem-vindos. Você descobre que manter uma criança viva por um ano é uma grande conquista (risos).

Quando estava grávida, organizei o chá de bebê para nossa pequena. Portanto, já sabíamos que teríamos muitos amigos para convidar, caso fizéssemos a festinha de primeiro ano.

Como os tempos eram de contenção de despesas, em minha mente estava convencida de que não haveria uma grande festa. E não fiquei triste, pois era uma decisão racional. Eu pensava em reunir os avós e titios e fazer algo em casa mesmo. Já estava até sonhando com a decoração que eu mesma poderia fazer.

Faltando um mês para Valentina completar um ano, meu esposo e eu fomos conversar sobre o que faríamos.

Começamos a lembrar que o amigo A havia nos convidado para festinha de sua filha, o amigo B era nosso padrinho, o amigo C tinha nos convidado para seu casamento, e assim por diante. No fim, tínhamos uma lista bem generosa e queríamos todas aquelas pessoas conosco, afinal, era uma data muito importante para nossa família.

A grana? Já ouviu falar em descobrir um santo para cobrir outro? Foi mais ou menos assim. Junta daqui e dali e no fim estava "ok".

Nesse tempo, fomos atrás de um local para a festa, estávamos procurando uma área de lazer e quando percebemos já havíamos contratado um salão de festas, do jeito que sonhávamos.

Para decorar contratamos os serviços de uma amiga. E foi uma das melhores decisões que tomamos. Ela fez tudo com tanto carinho que o resultado não poderia ter sido mais satisfatório. Ficou incrível!

Ah! Não posso deixar de mencionar que tivemos muita sorte. Minha mãe, além de vovó coruja, é confeiteira e deu todos os doces da festa. Economizamos um troco com isso.

Um mês passa rápido, e, quando percebemos, já era o grande dia.

Confesso: valeu a pena "pagar a língua". Pode ser sim que o bebê não curta a festa. Mas, é um dia especial e merece ser comemorado. A festa é para os pais? Pode ser, mas foram eles que viveram as experiências mais intensas e merecem esse momento.

Como disse a maternidade ensina a julgar menos e a ver as coisas com outros olhos – olhos de amor, de paciência, de cumplicidade e da realidade sobre a tão questionada maternidade.

Não é o fim! ✻ ✻ ✻

É minha amiga (acredito que já posso chamá-la assim, pois dividi com você tantos segredos, que já me sinto como sua amiga). A jornada da maternidade é longa, cheia de desafios e dias difíceis, mas também cheia de amor e de alegrias.

Nessas poucas páginas relatei meus principais dilemas e experiências vividas no primeira ano da minha filha. Ainda há um longo caminho a percorrer, muitos outros desafios a enfrentar e muitas outras alegrias para viver.

Sabe caro (a) leitor (a), dizer que é fácil ser mãe, de fato, não é. Mas, é algo extremamente prazeroso.

Há dias em que acerto, em outros, erro; mas, o importante é seguir. E, nesse ponto, a Valentina me ajuda muito, mesmo sem saber.

Ela é o real motivo para eu seguir. É ela quem me faz acordar cedo (às vezes, muito cedo – risos) e acreditar que vale a pena viver; que vale lutar e construir, com ela e para ela, um espaço melhor neste mundo.

É ela quem me traz para o "eixo", ainda sem saber que tem esse poder. É ela quem me dá os afagos mais gostosos, os beijos mais doces e os olhares mais sinceros.

É ela quem faz meu mundo ter mais sentido, ainda que, às vezes, esse mundo nos deixe ansiosos e cheios de expectativas.

Valentina é meu melhor presente, é minha maior alegria, é minha filha, mas também, minha professora. É com ela que mais aprendo. É por ela que busco conhecimento. É por causa dela que desejo ser melhor.

Ela é meu hoje, meu amanhã e o meu "sempre". Nossa história está apenas começando. Esses capítulos não terão fim...

Capa
Vicente de Paulo B. Cornetta

Diagramação
Jean Carlos Alves

Revisão
Orlando Mota

Imagens de Miolo
Vicente de Paulo B. Cornetta e Jean Carlos Alves

Registe você também suas memórias mais marcantes!

Registe você também suas memórias mais marcantes!

Registe você também suas memórias mais marcantes!